DES DÉPENSES

ET

DES RECETTES DE L'ÉTAT

POUR L'AN 1818,

ET DU CRÉDIT PUBLIC;

Par le comte LANJUINAIS,

PAIR DE FRANCE.

Id quod pauperibus prosit locupletibus æque.

(HORAT.)

PARIS,

BAUDOUIN FRÈRES, Libraires, rue de Vaugirard, n°. 36;
DELAUNAY, Libraire, au Palais-Royal, n°. 243.

1818.

TABLE.

AVERTISSEMENT.

C'est mal nous servir, au milieu des calamités qui nous affligent, que d'en rechercher sans cesse l'origine et les auteurs, et de signaler les partis, exaltant quelques personnages, montrant sous des traits odieux tous les autres citoyens.

Dans le cours de nos révolutions dernières, la nature n'a point manqué à elle-même. Des deux parts, il y a eu des mérites, des vertus et de la gloire; comme il y a eu des erreurs, des torts graves et des crimes. Dans les scènes les plus odieuses, chaque côté a fourni des acteurs qui ont inventé, excité, soldé, ou fomenté, calculé, consenti ce que d'autres ont exécuté. Ainsi, nous avons tous à nous pardonner, et le par-

conditions de rigueur : à l'ÉCONOMIE la plus vigilante et la plus stricte dans toutes les parties de l'administration ; et à L'EMPLOI de tout ce que l'impôt, l'emprunt, l'amortissement et la parcimonie forcée. peuvent nous permettre encore de dépenser, afin de soutenir,

L'agriculture,

Le commerce,

L'industrie,

Et les travaux, les secours publics.

Voilà dans quel système de doctrine j'ai conçu l'écrit suivant. Puisse-t-il être accueilli avec indulgence par mes concitoyens ! Il se recommande à leurs suffrages par des intentions pures, et peut-être aussi par quelques vues utiles, nées du sentiment profond des besoins de la patrie.

DES DÉPENSES

ET

DES RECETTES DE L'ÉTAT

POUR L'AN 1818;

ET DU CRÉDIT PUBLIC.

Depuis 1814, le budget n'a pu être voté que d'urgence pour le premier semestre dans les deux chambres, et d'urgence encore, dans la chambre des pairs, pour le second semestre, ainsi que pour le premier.

En attendant que ce fâcheux désordre cesse par la fixation du commencement de l'année financière au 1er. juillet, ceux des pairs qui ont dans la pensée quelques observations ou amendemens sur le projet de loi de finances pour 1818, ne peuvent pas les proposer utilement, si ce n'est pendant qu'il est encore soumis à la discussion des députés. Ce motif a déterminé la publication actuelle de cet écrit.

I. D'abord, cette fixation du commencement de l'année financière au 1ᵉʳ. juillet, doit être le sujet d'un article additionnel, dans la loi des finances pour 1818.

II. Ensuite, les réflexions se portent sur l'obscurité, les dangers, l'inconstitutionnalité des renouvellemens de lois, par citations numériques multipliées dans le projet actuel, sans autre avantage que de le réduire à trente-neuf points de délibération mal éclairée, à trente-neuf articles représentatifs de plusieurs centaines de dispositions déjà complexes.

Il est naturel et presque sans inconvénient que les articles d'une même loi s'abrègent et s'enchaînent par de simples renvois numériquement exprimés. La chambre en votant chacun d'eux, le citoyen en les étudiant, l'administrateur, le juge, en les appliquant, ont sous les yeux tout ce qui peut dissiper leur embarras.

Dans les renvois d'une loi à l'autre, c'est tout le contraire.

La délibération dans les chambres devient trop compliquée, trop sujette à des méprises; et les ministres ne doivent être que trop portés à voiler, par des chiffres, des dispositions délicates qui seraient amendées, si leur sens vaste et profond était présenté clairement et distinctement. Toutes les injustices ont été mises en loi; le temps a pu motiver, ou manifester de justes amendemens à faire dans la forme ou au fond; enfin, ce qu'on a reçu en telle année précédente, et durant telle composition de la chambre, peut maintenant sembler inadmissible en tout ou en partie.

Ainsi, de deux choses l'une; fondez toujours les anciens textes dans le projet de loi, ou faites-les imprimer en plus petit caractère au-dessous de chaque article de loi qui les rappelle. C'est bien mériter des colégislateurs, des jurisconsultes et de toutes les parties intéressées, que d'épargner leur temps, cette précieuse richesse, en les dispensant d'un recours à de nombreux volumes, et qui ne serait nécessaire que par votre faute, par votre affectation ou votre négligence. En législation, comme en poésie, voulant être bref, on devient obscur; mais être obscur

en législation, c'est être dangereux et dom-
mageable.

Ce n'est pas d'aujourd'hui que, dans les lois annuelles, on comprend des dispositions des années précédentes ; on le faisait, sous les Romains, à Rome, et dans tout l'empire ; mais c'était en transcrivant les textes en entier, chaque année, dans l'*album* annuel que faisaient tenir sans cesse exposé sur les places publiques, les préteurs, les proconsuls, les propréteurs, ensuite les présidens, les préfets, *etc.* Nos pères, esclaves de Rome, n'avaient pas de textes chiffrés dans les édits de leurs maîtres ; tout y était, non pas cité, mais transporté ou nouveau, *tralatitium vel novum.* Ce n'est pas trop espérer de nos ministres que d'attendre dans leurs rédactions de loi pour les Français libres, sous un roi constitutionnel, cette même clarté si naturelle et si commode pour tous, que les maîtres du monde ne refusaient pas à leurs derniers sujets, à ceux des provinces et des préfectures.

Nulle part on ne doit souffrir que les lois ressemblent à de l'algèbre, à des énigmes ou à des logogryphes. Ce n'est pas un abrégé, un canevas de loi, le premier jet d'un commis, qu'il faut soumettre à l'examen des chambres, c'est une loi clairement et complétement exprimée en simples signes alphabétiques.

Enfin, comme la loi sur la levée des hommes, la loi sur la levée *des impôts*, est annuelle de sa nature : c'est la supposer perpétuelle, c'est tâcher de la rendre perpétuelle dans son intégrité, ou en partie, au choix des ministres, que de renvoyer habituellement à quelqu'une de ses dispositions, comme à une loi vivante ; c'est enfin se priver des avantages, des perfectionnemens qui résulteraient de la délibération annuelle sur tous les articles puisés dans les lois précédentes.

III. L'entretien annuel des troupes alliées nous coûte encore 140 millions. Cette dépense que tant d'autres maux rendent si cruelle, finirait par leur départ. Espérons qu'il ne sera pas refusé aux instances du roi et de ses ministres, par la modération, l'équité, la haute sagesse des puissances coalisées : la France ne peut respirer que du jour où elle sera délivrée des garnisons étrangères, et où seront fixées des prétentions désolantes, sans avoir négligé les réclamations des Français contre les étrangers.

IV. Il est très-désirable que la dépense soit divisée par chaque ministère, afin qu'on s'y reconnaisse, et qu'il y ait une section spéciale de la commission du budget, pour chaque grand ministère. Dès cette année, cette division serait à faire sur l'article 7 du projet, par MM. les députés, dans leur délibération ; et il serait avantageux que cette division fût conservée dans la loi, pour reconnaître plus aisément l'année prochaine ce qu'on aura fait celle-ci, et délibérer avec plus de clarté sur les augmentations du budget des ministères, qu'on veut faire élever de onze millions, en 1818.

v. Art. 1er. du projet. *Retour sur exercices clos*. Ce n'est pas sans chagrin qu'on voit pour 1818, porter à 64 millions 443 mille francs ce qui reste de l'arriéré de 1801 à 1810. Les exercices antérieurs à 1810 avoient été réglés par les lois de finances de 1813 et autres antérieures, d'une manière qui rejetait cette multitude d'anciennes prétendues créances, qu'un malheureux laisser-aller a fait revivre en 1814, 1815, 1816 et 1817. (*Voyez de la législation des finances, par M. Ganilh*, pag. 10 et suiv.)

VI. Art. 3, 4, 5 et 8. On demande pour EXCÉDANT des dépenses sur le budget de 1815, 14 *millions* 46 *mille* 20 *francs* ;

Pour *idem*, sur le budget de 1816, *quinze millions* 79 *mille* 160 francs.

Pour *idem*, sur le budget de 1817, 32 millions 834 mille fr., et d'autres avances encore déjà faites sans loi, et d'autres à liquider ;

Pour *idem*, sur le budget des dépenses extraordinaires de 1818, 225 millions, 465 mille 422 fr., compris dans les trois cents douze millions 268 mille, 422 fr. de l'art. 8 du projet.

Ces excédans de budget sont réputés inexcusables, non pas seulement parce qu'ils excèdent, mais parce qu'ils proviennent en grande partie de dépenses qu'on pouvoit au moins retarder jusqu'à la session, et qui sont ordonnées et payées, sans être autorisées par la loi.

Lorsqu'il y a de tels excédans qui se suivent d'année en année, et malgré une réserve de six millions pour les dépenses *im-prévues*, c'est-à-dire, *imprévues*, *extraordinaires*; on se demande à quoi sert la fixation d'un budget? Quand viendra donc la loi la plus urgente, et la plus inexcusablement retardée, qui rendrait les ministres *effectivement* responsables, qui ferait cesser l'abus continuel des *excédans* du budget et tant d'autres abus?

VII. Quand on examine les *dépenses courantes*, on éprouve d'abord un vif regret de ce que, celles qui, de leur nature, sont permanentes pour un temps, ne sont pas toutes par masses principales, fixées invariablement par la loi annuelle des finances.

On ne peut oublier qu'elles l'étoient en partie par des lois stables, auxquelles il vaudrait mieux revenir, que de suivre ou les décrets ou les ordonnances qui, au mépris des lois, ont élevé, du tiers, du double et du triple, des traitemens du premier et du second ordre.

VIII. Qui ne serait pas frappé de la variété qui existe dans les traitemens des ministres? Si le premier d'entre eux, à cause de notre misère croissante, et si douloureusement sentie dans nos départemens, se contente pour le fixe du traitement de 100 mille fr. ; pourquoi ses collègues n'en seraient-ils pas satisfaits, pendant que les emprunts nous épuisent, et que malgré l'excès des charges et le forcement des produits, nos dépenses sont du double de nos recettes (1)?

Ce n'est pas tout : pourquoi un *sous-secrétaire d'état*, attaché avec un haut traitement à chaque ministère ?

C'est un hors-d'œuvre dont on se passait, lorsque la France avait en territoire deux fois plus d'étendue, et qu'elle supportait moitié moins de charges.

Pourquoi encore des secrétaires généraux en tels ministères, lorsqu'on s'en passe, avec avantage, en d'autres?

IX. Les dépenses du conseil d'état sont portées dans le budget du ministère de la justice à 888,000 fr. ; mais il faut y ajouter 230 mille fr. compris dans le budget du ministère des finances, pour traitemens des hauts conseillers d'état, appelés ministres d'état ; ce qui élève les dépenses du conseil

____

(1) Le président des dix-sept états unis n'a, pour le fixe de son traitement, que 25,000 dollars (125,000 fr.)

d'état du roi , à plus de 1100 mille francs ,
tandis que les députés , qui sont les conseillers d'état de la nation , n'ont rien , à ce dernier titre.

Il serait sans doute politique et écono-
mique , non pas de limiter en nombre les
membres d'un corps qui appartient tout entier à la couronne ; mais de fixer le nombre et le taux des traitemens à la charge du
trésor public , et de comprendre , dans les
recettes de l'état, les droits d'expéditionet autres que perçoit le secrétaire du conseil d'état.

x. Les greffiers des cours et des tribunaux partagent les droits de greffe avec le
trésor public ; ils ont en outre , ainsi que
leurs commis , des traitemens alloués dans
le budget du *ministère de la justice.* Pourquoi les payer des deux mains ? Ne convien-
drait-il pas de régler le partage des droits ,
de manière que le trésor profitât , sans
nuire au bien du service public ?

xi. La suppression des cours prévôtales ,
qui , *dans leur constitution ,* n'ont jamais été
qu'une déplorable et manifeste violation de
la Charte , va décharger la dépense du ministère de la justice , qu'il est dur de voir

au contraire s'augmenter encore en 1818, en même temps que les dépenses s'accrois-sent dans les autres ministères, et que la seule dette flottante est portée à 400 millions.

L'adoption de la loi sur le recrutement de l'armée entraîne la suppression des *com-pagnies départementales*, et cette suppression doit, dès 1818, au moins en partie, faire cesser la surcharge inutile qu'elles ont pro-duite sur les départemens.

xii. Si l'on jette un coup d'œil sur les dé-penses départementales, on observe que, depuis la création des sous-préfectures, le traitement des sous-préfets n'a pas changé, pendant que celui des préfets a été plus que triplé pour certains départemens, et pour d'autres plus que doublé. On devrait se rap-procher, pour un temps, de la fixation faite en l'an 8, époque où les Français n'étaient pas dans une situation financière plus mal-heureuse qu'aujourd'hui.

xiii. Dans le budget du ministère des fi-nances, *les frais de négociation*, évalués par la loi du budget de 1817, à 15 millions, se sont élevés en effet à 22 millions 7 cents 96 mille francs.

Cet excédant de budget est remarquable.

Mais, au même budget, on trouve deux articles qui augmentent cet excédant, ou qui seraient un double emploi ; l'un est intitulé : *pour frais d'envoi de fonds des recettes d'arrondissement aux receveurs généraux*, et l'autre, *pour frais de transports pour les payeurs et le service du trésor.*

D'ailleurs, on ne voit pas comment il y a des frais d'envoi de fonds des recettes d'arrondissement aux receveurs généraux, puisque les receveurs particuliers sont *tenus* de verser leurs recouvremens à la recette générale.

XIV. Le budget de la guerre prouve, à ceux qui veulent calculer, que la solde des quatre régimens suisses, non compris les ci-devant cent ou deux cents suisses, s'élève à plus du *septième* de la solde actuelle de l'infanterie et de la cavalerie nationale réunies.

Ce *septième* d'augmentation, réparti sur des régimens nationaux, fournirait plus de troupes au Roi, et donnerait du pain à des milliers de Français qui en manquent. Cette réflexion est sur toutes les lèvres, et resserre des cœurs qu'il faudrait tout entiers ouvrir à l'amour.

Le *vieux secret......* d'employer des troupes étrangères date, en France, d'un peu plus loin que François Ier.; mais ce qu'il en éprouva ne serait pas encourageant.

L'emploi des Suisses, par nos monarques, remonte à Louis XI, peu vanté dans nos annales, et blâmé sur cet article.

S'il fallait une armée suisse pour le bonheur de la France, elle devrait être autorisée par la loi sur le recrutement.

Rien ne répugne plus à la nature du gouvernement représentatif que les corps de troupes étrangères non approuvés par la loi. L'Angleterre, qui est restée si gothique sur d'autres points, est on ne peut plus difficile sur celui-ci.

xv. L'état major d'un de nos anciens grands corps d'armée n'avait pas plus d'officiers supérieurs et de généraux qu'il n'en existe pour une seule compagnie des gardes du corps, dont l'effectif même est borné à deux cent quarante hommes. Tous les Français ne paraissent pas admissibles à cette garde, et ceux qui la composent ont des règles d'avancement qui leur sont tout-à-fait particulières.

Voilà deux choses qui semblent contrarier la Charte, et qui surchargent sans utilité les dépenses, dans un temps difficile.

En voici une troisième qu'il est impossible d'oublier, et qui n'est pas moins arbitrairement onéreuse ; c'est le grand nombre d'officiers à demi-solde et en activité que les gardes du corps, les mousquetaires, les gendarmes et les gardes de la porte fournissent, pour avoir servi un an et quelquefois moins d'une année.

Pendant la durée de notre excessive misère, il devrait y avoir, pour ces trois surcharges, un soulagement quelconque.

xvi. Parmi les budgets des administrations et des régies qu'on voit, avec plaisir, pour la première fois, à l'appui du budget de l'état, n'est point celui de la commission de l'instruction publique. C'est une omission à réparer.

xvii. Ces budgets particuliers nous apprennent que le traitement fixe et annuel des directeurs généraux des administrations et régies financières est porté à 60 mille francs, et celui de leurs conseils ou administrateurs subordonnés à 24 mille francs.

Ce taux dépasse tout ce dont ils avaient joui.

En 1810, les directeurs généraux n'avaient, à l'instar des administrateurs sous leurs ordres, que 15 mille francs. Alors on profita de l'occasion du mariage avec une archi-duchesse pour doubler ce traitement. Comment peut-on, dans ce temps-ci, doubler encore ce doublement!......

Tous ces traitemens doivent être réduits, quant à présent, sur un autre pied que celui de la réduction générale.

XVIII. La justice et l'humanité, non moins que *l'intérêt des finances*, exigent que la peine du bannissement ne soit pas changée en prison perpétuelle, comme elle l'a été par l'article 4 de l'ordonnance du 2 avril 1817, insérée au bulletin des lois, n°. 150 et 1954. Cet abus est de ceux qui exigent la plus prompte réforme. Tous les prétextes disparaissent dès qu'il existe en Europe un état, celui des Pays-Bas, dont la constitution porte, article 4 : « Tout » individu qui se trouve sur le territoire du

» royaume ; soit régnicole, *soit étranger*,
» jouit de la protection accordée aux per-
» sonnes et aux biens. »

Honneur et actions de grâces aux légis-
lateurs qui, dans leurs codes, ont pitié des
malheureux, et respectent les premiers droits
de la nature ! vœu ardent pour qu'un si no-
ble exemple soit partout imité !

XIX. *Pensions* 1. Avant 1789, trois membres d'une seule famille avaient, en une seule
pension, chacun 300,000 livres ; aujour-
d'hui les pensions sont modiques en général, et réparties sur toutes les classes de la
population.

Ce qu'on nous a fait connaître des pensions actuelles, forme déjà treize volumes
in-4°. très-serrés, et présente, pour 78 millions 612 mille francs, 265 mille 651 parties prenantes. La date de l'acte constitutif
de pension manque partout dans ces volumes : elle y est nécessaire. Toutes les pensions ne sont pas garanties par l'art. 69 de
la Charte. Il en est dont la révision est assez
indiquée, et que la date seule peut faire dis-
tinguer.

2. On ne connaît point encore celles de

l'instruction publique, ni les pensions du sceau ni celles qui se forment par réserve annuelle sur les traitemens.

Il y a d'autres pensions non à la charge de la liste civile, restées néanmoins sous un voile qui sera levé sans doute avec le temps.

5. Malgré tant de citations qui obscurcissent le projet de la loi des finances pour 1818, on y cherche en vain les sages dispositions du titre des pensions dans la *loi annale* du 25 mars 1817.

Ce titre si important doit faire partie de la loi de cette année, avec les amendemens dont il est susceptible.

Puisque les ministres ont omis, contre le vœu de la loi, dans les ordonnances de pensions nouvelles insérées au bulletin, *les motifs* et *les bases légales* qui supposent aussi *les noms* des nouveaux pensionnaires, il convient d'ajouter à l'art. 26 une clause qui emporte la nécessité absolue d'exprimer les *noms* avec les *motifs* dans ces ordonnances. Ce sont les citoyens qui lisent, et non les chambres seules qui doivent aider à contrôler les pensions nouvelles. Si un manouvrier se fait naturaliser, son nom est au bulletin; il importe au bien des finances, que les noms de ceux qui reçoivent comme juste récompense, une part dans le produit des impôts, puissent être connus de tous les contribuables.

L'article 27 de ce même titre peut être amélioré par la fixation d'un *maximum*, au-dessus duquel on ne serait pas admis à cumuler pension et traitement, soit dans le militaire, soit dans le clergé, soit en d'autres professions. Il suffit d'avoir indiqué cet objet.

4. Un cri s'est élevé dans toute la France contre les nouvelles pensions imméritées ou excessives, et pour des services chimériques, pour des grades que le pensionnaire n'avait jamais eus. Il n'y a qu'une révision impartiale qui puisse calmer, à cet égard, le mécontentement public; la détresse des contribuables, et les besoins du trésor, et la fréquence des abus, tout se réunit pour motiver cette révision.

On peut avoir gagné sa pension dans les deux camps opposés; c'est une grande cause de surcharge, mais une raison de plus pour que les services et leur durée, et les grades allégués soient bien établis.

Il y a, dit-on, des pensions nombreuses de sœurs et de cousines encore plus difficiles à justifier que celles de beaucoup d'hommes. Tout cela doit être examiné.

5. Des pensions très-légitimes accordées par l'ordonnance, appendice de la Charte et publiée avec la Charte dans la même séance royale ; ces pensions approuvées d'ailleurs par l'assentiment des deux chambres et la sanction royale, dans la loi du 8 novembre 1814, sont, depuis deux ans, réduites et suspendues par la bureaucratie.

D'abord, on a réduit *arbitrairement* les pensions des ex-sénateurs non pairs, sans étendre cette réduction aux autres classes de pensions analogues.

Outre l'incompétence, la partialité est sensible. La seule autorité législative peut déroger aux lois ; et la réduction, s'il y en a, veut une règle commune et légale pour toutes les pensions, de même nature. Elle veut aussi de la publicité. Les pensions créées ou réduites, ne doivent pas être des mystères, de peur qu'elles ne soient des abus.

6. Mais la réduction seule est peu de chose en regard de l'injustice qui va être expliquée.

Sans loi, sans motif légal, la pension de

plusieurs ex-sénateurs non pairs (1) est comme supprimée depuis deux ans, malgré les promesses de celui qui n'a point promis en vain. C'est le cas de répéter avec Fénélon : « Que les rois sont malheureux ! » et d'ajouter : «Que l'esprit de parti est donc injuste, haineux, aveugle et implacable ! »

Pour être pensionné, faut-il une ordonnance du roi ? mes anciens collègues ont l'ordonnance la plus solennelle, et la plus expresse.

Faut-il une loi ? cette loi existe.

Suffit-il d'avoir été ministre ? deux d'entre eux l'étaient autrefois.

D'avoir rendu de longs services ? ils n'ont pas cessé d'en rendre depuis trente, quarante, cinquante ans environ.

D'être auteur distingué en divers genres de littérature, reconnu et respecté à ces titres dans la république des lettres ? ils ont tous cet avantage.

D'avoir été, en 1789, prêtre ou curé ? un d'eux l'était.

---

(1) Je peux citer MM. les comtes Garat, ex-ministre; Grégoire, ancien évêque de Blois; et Monge, ex-ministre.

D'avoir été évêque en fonction, depuis 1790 ? un d'eux l'était.

Il est, d'ailleurs, aux yeux de l'Europe, un des plus illustres évêques de la catholicité, par les mœurs, par les vertus civiles et religieuses, par le zèle, la science et les talens.

Faut-il, enfin, après avoir occupé avec honneur de grands emplois, devenu presque septuagénaire, vivre dans la gêne, souffrir les privations, la détresse ? telle est exactement sa position.

On pourrait croire que les réductions de pensions des ex-sénateurs, et leurs pensions supprimées auraient tourné au profit du trésor public, à la décharge des contribuables. Non : l'on assure qu'elles servent à pensionner, sans loi, des personnes favorisées qui ne sont pas sans traitement, ou à grossir leurs pensions, que la loi n'a point accordées.

Dira-t-on que ces ex-sénateurs ont une ressource dans leur pension d'officiers de la légion-d'honneur ? L'ancien évêque de Blois est du très-petit nombre de ceux qui ont reçu le privilége *antilégal* d'être exemptés de cette pension.

Il était, ainsi que les deux autres, membre de l'institut; ils s'y rendaient utiles par leurs travaux littéraires et scientifiques; mais l'institut organisé par une loi, ensuite par un décret contraire à la loi, a reçu, par ordonnance de mars 1816, une autre organisation contraire à la loi, et qui, d'autorité, a exclus de l'institut, entre autres, ces mêmes ex-sénateurs.

Cette ordonnance conservait le traitement aux victimes de la dernière mesure; mais un commentaire, plus dur que le texte, leur a retranché encore cette faible ressource.

xx. Il n'y a rien à diminuer sur les trois millions accordés en 1817 pour le cadastre parcellaire. La nécessité de continuer cette opération est assez justifiée par le compte qu'a rédigé M. Hennet, et que les ministres ont publié.

1. Mais il semble qu'il y a un milieu à saisir entre le cadastre par masses de culture, dont l'insuffisance est démontrée, et la division, poussée à l'extrême, jusqu'à reconnaître et décrire, avec tous ses détails accidentels, un centiare métrique et des fractions plus petites encore. Dans la pratique,

toute division à l'indéfini aboutit à l'absurde : elle nuit également à la jouissance , aux produits, à la paix privée, et à la clarté du cadastre.

J'ose le dire, en passant , il serait bon de fixer un *minimum* de la propriété foncière , qui , étant isolé, serait réputé indivisible par la loi des propriétés, par le Code civil. Ce *minimum* devrait l'être au moins , sous les rapports du cadastre , afin d'abréger , de supprimer d'infinis petits détails où l'on se perd et qui rendent la recette trop difficile.

Je proposerais pour *minimum* , autrement pour unité cadastrale , le cinquantième de l'hectare , ou, si on l'exigeait absolument, l'are ou demi-are métrique. Je connais , dans tel cadastre , des divisions ultérieures ; et le propriétaire , l'administrateur, le percepteur en souffrent trop sous des rapports différens.

2. Je dois proclamer qu'avec le dessein avoué de faire payer en principal le *huitième* du revenu net par le cadastre , les estimations sont généralement forcées , et au *cinquième* de ce revenu , quelquefois au-dessous, en sorte que les accessoires surchargent insupportablement la propriété.

3. Pendant que les cadastrés sont taxés au cinquième en principal , il y a des non cadastrés taxés au dixième , au quinzième seulement. Il faut prendre un moyen provisoire de remédier à cette disproportion avant la répartition générale qui doit suivre l'achèvement du cadastre. Une si grave injustice ne peut rester indéfiniment ajournée.

D'ailleurs, il y a un *double emploi*, dans le cadastre, pour les terrains bâtis ou en cour et déport; ces terrains sont estimés d'abord comme de première classe , et ensuite évalués une seconde fois pour valeur locative présumée , sans déduction de l'estimation première : voilà un second abus qui a lieu dans le département de Seine-et-Marne, contre les règlemens.

4. Il en est un troisième qui mérite également d'être corrigé ; c'est que les bulletins particuliers d'évaluation, qui devraient être contrôlés par chaque propriétaire, ne lui sont point fournis, ou, certainement n'ont pas été fournis en certaines communes.

5. Après ces observations sur le cadastre même , arrêtons-nous à l'article qui le concerne , au dix-septième , dans le projet du ministre des finances. Il est ainsi conçu :

« Les lois et règlemens sur le cadastre con-
» tinueront d'être exécutés. » Évitons le
plus soigneusement, dans les lois, d'approu-
ver, par une ligne ou un mot, un code entier qu'on ne connaît pas, et qui n'est ni
communiqué, ni soumis à la discussion. Ce
vice a été relevé dans le projet sur les con-
cordats. Il n'y est question que d'un volume
in-12. à *rétablir*, ou plutôt à établir sans
examen.

Mais il y a, concernant le cadastre, déjà
plus de trois volumes in-4°. de règlemens,
non compris l'analyse in-4°., ni *les modèles*
in-folio.

A cet article 17, il faut donc substituer,
en quelques paroles que ce soit, la disposition suivante :

« Trois millions seront employés en 1818,
» pour continuer le cadastre parcellaire. »

XXI. Voilà ce que j'ai pu observer relati-
vement aux dépenses. Il reste à parler des
recettes.

L'article 12 du projet est ainsi conçu :
*Les fonds de non-valeur, pour 1818, sont
fixés aux taux suivans.*

Il y avait peut-être plus de franchise, certainement plus de clarté , à dire , comme autrefois : *Il sera perçu en outre, pour fonds de non-valeur.....*

XXII. Outre la surimposition des fonds de non-valeur, sur les contributions directes, déjà doublées ou sous-doublées, il y a :

1°. *Cinq* centimes à partager entre les receveurs, pour frais de perception (1) ;

2°. *Cinq* centimes *facultatifs* départementaux, qui, malgré l'article 54 de la loi du 25 mars 1817, sont portés à *dix* et plus en certains départemens ; et, pour cette raison sans doute, on n'a point cité, dans le projet, cet article 54 en son vrai sens ; on le rapporte aux centimes *légaux* des départemens, au lieu qu'il appartient aux centimes *facultatifs*.

Dans le fait, nos centimes *facultatifs départementaux* n'ont pas de *maximum* déterminé.

3°. Des centimes facultatifs d'arrondissement peuvent grossir le fardeau.

4°. Ajoutez les centimes facultatifs de communes, lesquels n'ont d'autres bornes que

---

(1) Il y a, sur ces centimes, des retenues que l'excès d'impôt en accessoires justifierait , si elles tournaient à la décharge des contribuables.

celles que veut y mettre l'autorité supérieure. Ajoutez maintenant la taxe des chemins communaux et même départementaux, que j'ai vue porter à 5o et 6o centimes.

5°. Les *cotisations* prétendues volontaires pour les pauvres, et, conjointement, la taxe forcée pour les pauvres. Ainsi l'on peut comprendre à quel intolérable excès la contribution foncière est portée. Il y a des communes où le propriétaire, après les charges déduites, n'a que le tiers, le quart, le cinquième de son revenu apparent, quelquefois moins encore.

Le remède est de régler très-explicitement tous ces objets, par des articles précis dans la loi des finances, et de prescrire le *maximum* de tant de surimpositions, le dernier terme des centimes de chaque nature.

XXIII. Pour nous soulager sur la contribution mobilière, on la fait payer dans les villes, partie en impôt direct et partie sur les octrois. Voici le résultat :

Dans Paris, en impôt direct, la contribution mobilière a quadruplé depuis quatre ans ; et journellement nous avons vu s'accroître les taxes de l'octroi, à la volonté des

ministres, et par l'avis d'un conseil départe-
mental du choix du gouvernement, en
vertu d'ordonnances qu'on néglige quelquefois de publier au bulletin des lois.

On y a joint, par ordonnance, le 11 juin
1817, une autre perception sur les communes rurales de la Seine, dite *banlieue* ou
extension de banlieue, en forme d'octroi.

L'article 5 de cette ordonnance promet à
ces communes de leur verser, chaque mois,
la moitié des produits, pour les libérer de
leur contribution mobilière, et acquitter
leurs dépenses municipales. Qu'est-il arrivé?
l'octroi de banlieue a été levé; les vignerons
de ces communes ont vu tomber d'un tiers
le prix de leurs vins; et les communes, au
moins plusieurs, n'ont rien reçu encore en
janvier 1818.

XXIV. Mais d'autres ordonnances autori-
sent des emprunts municipaux à Bordeaux
pour deux ou trois millions; à Paris (ordonnance du 14 mars 1817), pour trente-trois
millions, avec des primes qui doublent, dé-
cuplent, *vingtuplent* les capitaux des prêteurs
heureux au sort, et avec prorogation de centimes additionnels *pour douze années*.

Point de loi ni antécédente, ni subsé-
quente pour ces énormes emprunts, et point
de comptes qui en fassent connoître l'emploi.

Il manque un article de loi qui exige l'intervention des chambres dans les octrois au-
dessus de telle somme, et, dans tous les octrois, pour plus d'une année.

Il manque un article qui prescrive la même
forme pour, les emprunts municipaux au-
dessus de telle somme.

Enfin, il manque une autre loi qui orga-
nise, entre les préfets et le peuple, des administrateurs du choix des administrés, qui
détermine les fonctions des premiers, et les
force à publier annuellement les comptes
des recettes et des dépenses.

Toutes ces lois existaient, il faut les ra-
jeunir.

Le gouvernement royal et représentatif
ne peut tarder plus long-temps de rétablir,
sur tous ces points, nos franchises anéanties
par le despotisme impérial.

L'organisation nouvelle administrative a
dejà été promise ; elle est urgente pour les
administrations de département, d'arrondissement, de canton, et pour les communes
de mille âmes au moins de population ag-

glomérée. Quant aux communes plus petites, il semblerait convenable d'attendre les avis des nouveaux corps administratifs. Les vœux d'administrateurs, choisis par les ministres et les préfets, n'influent guère sur l'opinion. C'est chose presque inutile d'avoir fait analyser leurs demandes.

xxv. Sur l'enregistrement, on ne peut s'empêcher d'observer que le *doublement* des droits de mutation volontaire, entre particuliers, en y joignant le décime pour franc, est une taxe exorbitante, qui provoque à la fraude, opère une stagnation générale des ventes, nuit aux familles et au trésor. Une modération sur ces droits paroît indispensable.

La loi du 2 janvier 1817 autorise tout établissement ecclésiastique *reconnu par la loi*, à acquérir et posséder des immeubles. Mais on y autorise, par des ordonnances, des établissemens que la loi ne reconnoît pas. (Voyez le bulletin des lois, n°. 710, 2437, 2451.) Et cet abus doit cesser ; ne fût-ce que pour conserver les produits de l'enregistrement, altérés par des acquisitions illégales.

XXVI. Il est perçu des droits de sceau, pour la concession des titres ou qualifications, et de ces lettres de naturalité qu'il faut prendre, quand même on aurait vingt, trente, quarante ans de service dans le civil, ou dans les armées.

Il y a des droits de sceau pour les dispenses civiles de mariage, les provisions des magistrats, les dispenses de parenté pour siéger dans le même tribunal, pour les brevets des greffiers, des notaires, des avoués, des huissiers, etc.

XXVII. On sait que, depuis peu, il est levé des droits d'expédition pour *les brevets* d'officier militaire de toutes les armes, et pour ceux des membres (pensionnés) de la Légion d'honneur.

XXVIII. Il en est levé pour les brevets d'invention, et pour les passe-ports à l'étranger (1); pour les brevets d'imprimeur ou de

_____

(1) Du moins, s'il suffisait de payer le passe-port; mais on exige le voyage au chef-lieu du département. Si vous demeurez à Péronne, à l'ouest d'Amiens, on vous force de venir à Amiens pour vous donner la faculté d'aller à Bruxelles, qui est à l'est et au nord d'A-

libraire, ou de graveur en estampe, en géographie, en lithographie ; pour les légalisations devant servir en pays étranger (1).

XXIX. On s'affranchit du service de la garde nationale, au moyen d'une indemnité pécuniaire, et le garde national paye (2) le brevet

---

miens. De là des retards, des dépenses très-dommageables. Il suffit d'avoir signalé cet abus, pour qu'il disparaisse.

(1) Ces légalisations sont doubles en France pour chaque acte : l'une est de 1 franc perçu par le ministre français ; et l'autre de 10 francs perçus par le consul anglais, par exemple, s'il s'agit d'envoyer dans une colonie anglaise.

Qu'il soit permis d'invoquer ici la règle de réciprocité, et d'observer que c'est à nos ministres à l'obtenir.

C'est à eux qu'il appartient de faire réduire au taux d'un et demi les droits d'entrée des navires français dans les ports du Levant, droits qui, avec l'intervention de notre ambassadeur actuel à Constantinople, viennent d'être élevés d'un et demi à sept et demi pour cent.

(2) Le garde national paye, et il a au-dessus de lui, depuis deux ans, des états-majors payés, qui surchargent les caisses départementales déjà obérées. Ce fut gratuitement que le général Moreau à Rennes, et ailleurs ses illustres compagnons d'armes, commandèrent la garde nationale. On déjeunait moins bien, et l'on ne servait pas plus mal. Dans l'Ardèche, en 1817 le préfet

d'un signe que la loi n'a pas reconnu encore, qui n'est point uniforme, et qui paroît inutile, puisque nous avons l'ordre royal de la Légion d'honneur, auquel tous les services publics donnent droit de prétendre.

Il serait trop long d'énumérer exactement toutes les levées qui n'arrivent point au trésor public.

XXX. En comprenant, cette année, dans le budget, les recettes accidentelles de la police générale, et en proposant que le *domaine extraordinaire* soit réuni au domaine de l'état, le ministère est revenu à l'ordre, et il a rendu un premier hommage à la loi, qui ne reconnaît de domaine public que celui de l'état. Les distinctions établies pour désigner quelques fractions de ce domaine, affectées à tel ou tel titre, sont illusoires. Ainsi le domaine des anciennes sénatoreries doit retourner, avec ses charges, au domaine de l'état.

---

a réparti sur les communes, pour la taxe des états-majors, environ 50,000 francs. Elles s'y refusent avec raison. La marche de ce préfet est trop directe ; il devait, comme ses confrères, prendre la voie oblique des centimes facultatifs. Combien une loi sur la garde nationale est nécessaire !

xxxı. Pour la conservation des domaines, bois et forêts, les états annuels de leur consistance et de l'aliénation ou disposition qui peuvent en avoir été faites chaque année, doivent être annuellement déposés à la chambre des pairs, où il est encore nécessaire de remettre les états des précieux mobiliers de la couronne, aux termes de la loi de nov. 1814, sur la liste civile. Voilà des négligences à réparer par les ministres ou à solliciter par les chambres.

xxxıı. Les postes sont à la fois un service et un impôt. Les franchises, dans cette partie, doivent donc se régler par la loi. On ne peut concilier les franchises désignées par l'ordonnance du 6 août dernier, avec l'article 2 de la Charte, qui veut que tous *contribuent aux charges indistinctement, dans la proportion de leur fortune.*

Dans un état voisin, les franchises sont réglées par acte du parlement; tous les membres du parlement en jouissent d'après cette loi, et les épouses des plus hauts dignitaires n'ont pas de franchisse personnelle. Notre état de gêne est tel qu'il n'y a point de petites économies à négliger quant à présent.

Au lieu de priviléges illégaux, injustes, ne serait-ce pas une belle disposition à établir, que celle qui permettrait du moins aux pauvres, d'après un certificat du maire ou du commissaire de police, de faire parvenir en franchise leurs réclamations aux différentes autorités, et d'en recevoir la réponse de même ?

xxxiii. Nous aurons toujours des pauvres parmi nous ; mais ils sont maintenant plus nombreux que dans les temps ordinaires : un code est à faire pour eux ; il est à peine commencé dans quelques-unes de nos lois, et dans quelques règlemens. On en voit avec plaisir une disposition partielle dans l'article 26 du projet sur la loi de finances. Puisse-t-il s'achever ! Il devrait comprendre : 1°. Les formes des pièces concernant l'état civil et militaire du pauvre ; 2°. le règlement de formalités moins dispendieuses pour les mutations volontaires et par mort de ses chétives propriétés ; 3°. quelques faveurs très-désirables dans la levée des contributions publiques ; 4°. l'organisation des secours publics à domicile et dans les hospices ; 5°. des exceptions pour les pau-

vres dans leurs rapports avec l'ordre judiciaire.

XXXIV. Dans la nomenclature fort longue
des fonctions et des professions assujetties
au cautionnement, ne se trouve pas celle
des *référendaires* près la commission du
sceau. Pourquoi ne seraient-ils pas appelés
à en verser un, comme le sont les avocats
aux conseils qu'ils ont remplacés près cette
commission ?

XXXV. Quelles que soient les créations,
les extensions, les continuations d'impôts,
les recettes, qui, en 1817, différaient des
dépenses, de plus de 314 millions, pour les-
quelles il a fallu céder 30 millions de rentes
à presque moitié perte, seront, en 1818,
inférieures encore de 225 millions.

Et pour couvrir ce *déficit* convenu déjà,
il s'agit de créer 16 autres millions de rentes
à la charge du trésor.

A proprement parler, un tel auxiliaire
n'est pas un crédit : c'est un emprunt sur re-
mise de hautes valeurs, à négocier à grande
perte.

Cet emprunt, il semble qu'il n'y a plus
de bonnes raisons pour le faire en secret.

Notre crédit prétendu n'a pas empêché les frais de négociation de monter, en 1817, à près de 23 millions.

Avouons-le franchement, nous n'avons de crédit qu'en germe : pour qu'il végète avec force, qu'il fleurisse et donne ses fruits salutaires, il attend : d'abord notre émancipation politique par la retraite des armées étrangères, et par la fixation définitive et tolérable des liquidations que réclament les étrangers, et de celles des Français en pays étrangers ;

Le remplacement des régimens suisses par des troupes nationales, et une loi ou un article de loi, concernant le passage et l'emploi des troupes étrangères sur notre territoire ;

Le règne entier de la Charte et ses précieux développemens ;

Des élections moins travaillées par le ministère ;

Des élus choisis par les électeurs légitimes (1) pour toutes les séries ;

---

(1) C'est afin que la majorité, dans la seconde chambre, ne se trouve pas toute composée : 1°. de hauts titrés ; 2°. de fonctionnaires promus, ou décorés avec ou sans

Et le recensement des votes, par la réunion des bureaux sectionaires avec le bureau central.

La loi promise, depuis quatre années, sur la responsabilité des ministres et de leurs agens.

La loi sur la compétence judiciaire de la première chambre ;

Le complétement, tant de fois promis, de l'inamovibilité des juges, qui, dans plusieurs tribunaux, ne sont encore que des délégués révocables ;

Une loi qui assure et détermine la juste liberté des personnes et de leurs domiciles ;

Le jugement par jury, pour les délits comme pour les crimes, consistant dans l'abus de la presse ;

La fin du monopole et de l'esclavage des journaux ;

Une loi promise sur l'organisation et la compétence des administrations locales, et

pension, depuis leur élection comme députés; 3⁰. de ministres, de sous-ministres, de conseillers d'état, de préfets, de sous-préfets, et d'autres employés judiciaires, militaires, administratifs ou de finances, salariés et révocables par ceux-là même dont ils doivent reviser les comptes, réprimer et faire punir les abus de pouvoir.

de fortes barrières contre l'arbitraire des préfets, contre l'abus des centimes additionnels et des octrois non approuvés par les
chambres ;

Le retour à l'impartiale et constitution-
nelle justice pour tous ;

Conséquemment, le rappel des exilés par
mesures des deux chambres et par extensions ministérielles (1), et celui des dignitaires inamovibles, exclus sans jugement
préalable ;

La stabilité rétablie dans les emplois,
dans l'organisation des ministères, des di-
rections générales, des autres établissemens
publics ; et, après cent mille épurations
réactives, ruineuses pour le trésor et pour
les familles, le remploi, dans les cas de
vacances, des épurés probes et capables,
dont les pensions nous surchargent, ou dont
la misère nous accuse ;

Le rétablissement du libre cours des mu-

---

(1) Grâces soient rendues au gouvernement qui, sur
ce dernier point, vient de réparer quelques injustices !
Comment des proscrits du temps passé ont-ils pu tordre
des textes proscripteurs, afin de grossir le nombre des
proscrits, *par amendement*, en janvier 1816 ?

tations d'immeubles, par la modération des droits d'enregistrement;

L'autorisation d'une caisse de prêts hypothécaires, qui s'étende à tout le royaume, et qui, bien garantie par sa constitution et la simple surveillance du gouvernement, demeure étrangère aux finances de l'état;

La révision des pensions imméritées ou excessives, et la liquidation, ainsi que le paiement des pensions les plus légitimes, refusées ou suspendues;

La réduction des dépenses exagérées, et le retranchement de celles qui ne sont pas nécessaires;

Enfin, la réunion au trésor public de toutes les perceptions qui en sont encore détournées.

IMPRIMERIE DE FAIN, PLACE DE L'ODÉON.